Bettina Geißdörfer/Manuela Linstädt

Das Sommerbuch

Bastelvorlagen, Lieder, Spiele und Texte rund um den Sommer
für alle vier Grundschuljahre

Oldenbourg

PRÖGEL KOPIERVORLAGEN 57

Die Deutsche Bibliothek – CIP-Einheitsaufnahme

Geißdörfer, Bettina:
Das Sommerbuch : Basteln, Lieder, Spiele und Texte rund um den
Sommer für alle vier Grundschuljahre / Bettina Geißdörfer/Manuela
Linstädt. – 1. Aufl. – München : Oldenbourg, 1998
  (Prögel Kopiervorlagen 57)
  ISBN 3-486-98757-7

© 1998 Oldenbourg Schulbuchverlag GmbH, München
www.oldenbourg-bsv.de

Das Werk und seine Teile sind urheberrechtlich geschützt. Jede Verwertung in anderen als den gesetzlich
zugelassenen Fällen bedarf deshalb der vorherigen schriftlichen Einwilligung des Verlages.

Trotz entsprechender Bemühungen ist es nicht in allen Fällen gelungen, den Rechtsinhaber einiger
Quellen ausfindig zu machen. Gegen Nachweis der Rechte zahlt der Verlag für die Abdruckerlaubnis
die gesetzlich geschuldete Vergütung.

1. Auflage 1998 R
Druck   07   06   05   04   03
Die letzte Zahl bezeichnet das Jahr des Drucks.

Umschlagkonzeption: Mendell & Oberer, München
Umschlaggestaltung: Lutz Siebert-Wendt unter Verwendung einer Illustration von Andrea Frick-Snuggs
Lektorat: Stefanie Fischer, Silvia Regelein, Stephanie Staudacher
Herstellung: Fredi Grosser
Illustrationen: Andrea Frick-Snuggs
Jörg Greif (nur S. 26), Eduard Wienerl (nur S. 27), Gisela Vogel (nur S. 30)
Notensatz: Peter Kütt
Satz, Druck und Bindung: Greipel Offset, Haag/Obb.

ISBN 3-486-**98757**-7

Inhaltsverzeichnis

Vorwort 3
Titelblatt: Mein Sommerbuch 4
Bastelvorlagen zum Titelblatt und zum
Gedicht „Sommer" 5
Sommer (Gedicht) 6
Wichtige Kalendertage im Sommer 7
Auf der Wiese (Schiebebild) 8
Eine Wiese zum Fühlen 10
Roter Mohn (Lied) 11
Sommerblumen 12
Der verdrehte Schmetterling (Gedicht) 13
Bastelanleitung Schmetterling 14
Schmetterlinge brauchen Brennnesseln 15
Ein Schmetterling fürs Fenster (Transparent) ... 16
An einem Sommermorgen (Lied) 17
Sommerkinder (Lied) 18
Hört ihr die Regenwürmer husten (Lied) 19
Wiesen-Domino: Wer bin ich? 20
Sommernachtstraum 21
Kennst du die Baderegeln? 22
Sommerrezepte 23
Pack die Badehose ein (Lied) 24

Weshalb schwitzen wir? 26
Sonne kann gefährlich sein! 27
Wir basteln einen Sonnenschutz 28
Weißt du, wie ein Regenbogen entsteht? 29
Das Froschkonzert (Lied) 30
Zu Besuch im Sommerland (Fantasiereise) ... 31
Tiere und Pflanzen des Waldes (Memory) 32
Tiere und Pflanzen des Waldes (Lösung) 33
Original und Fälschung: Finde zehn Unterschiede 34
Original und Fälschung (Lösung)
Waldquiz (Spielanleitung) 35
Waldquiz (Spielplan) 36
Waldquiz (Quiz- und Verhaltenskarten) 37
Trarira (Lied), Saftkartonboote 39
Faltschiffchen (Bastelanleitung) 40
Spiele für drinnen und draußen 41
Europa-Quartett 44
Mit dem OTUA nach NEILATI 46
Muscheln (Gedicht) 47
Wer wird Rätselkönig? 48

Vorwort

Sommeranfang! Welch ein magisches Datum! Es verheißt das nahe Ende des Schuljahres, die letzten Arbeiten werden geschrieben, der Notenschluss steht bevor; danach beginnt für die Kinder ein gemütlicher Ausklang bis zur unbeschwerten Zeit der langen Sommerferien. Diese letzten Schulwochen lassen Raum für vielerlei Aktivitäten. Der vorliegende Band will dazu anregen, sich in dieser Zeit mit der schönsten aller Jahreszeiten zu beschäftigen – dem Sommer.

Aus den vorliegenden Arbeitsblättern können Sie mit den Kindern zusammen ein Sommerbuch erstellen. Es ist auch denkbar, das Sommerbuch in diesem Jahr zu beginnen und es erst im nächsten Jahr abzuschließen. Das Sommerbuch kann auch ein lehrerübergreifendes Projekt für die gesamte Grundschulzeit sein.

Es gibt Beiträge, die in der Klasse im Unterricht bearbeitet werden können, aber auch solche, die sich die Kinder mit und ohne Eltern als „Ferienvorbereitung" und als sinnvolle Freizeit- oder Reisebeschäftigung vornehmen können.

Wir möchten es nicht versäumen, uns herzlich bei Frau Silvia Regelein zu bedanken. Sie hat uns beide von Anfang an ermutigt, das Manuskript für das vorliegende Sommerbuch zu erstellen und hat es geduldig redigiert.

Wir wünschen Ihnen und Ihren Kindern viel Freude beim Planen und Gestalten des Sommerbuches, das auch beim Einstieg in das neue Schuljahr eine Rolle spielen kann. Es spannt den Bogen zwischen Schuljahresende und Beginn der neuen Klasse, wenn die Ferienbeiträge berücksichtigt werden. Der allzu abrupte Übergang zur Tagesordnung kann durch die Beschäftigung mit dem Sommerbuch als eine Art Rückschau ein wenig verzögert und vergnüglich gestaltet werden.

Nürnberg, im August 1997

Bettina Geißdörfer
Manuela Linstädt

Mein Sommerbuch

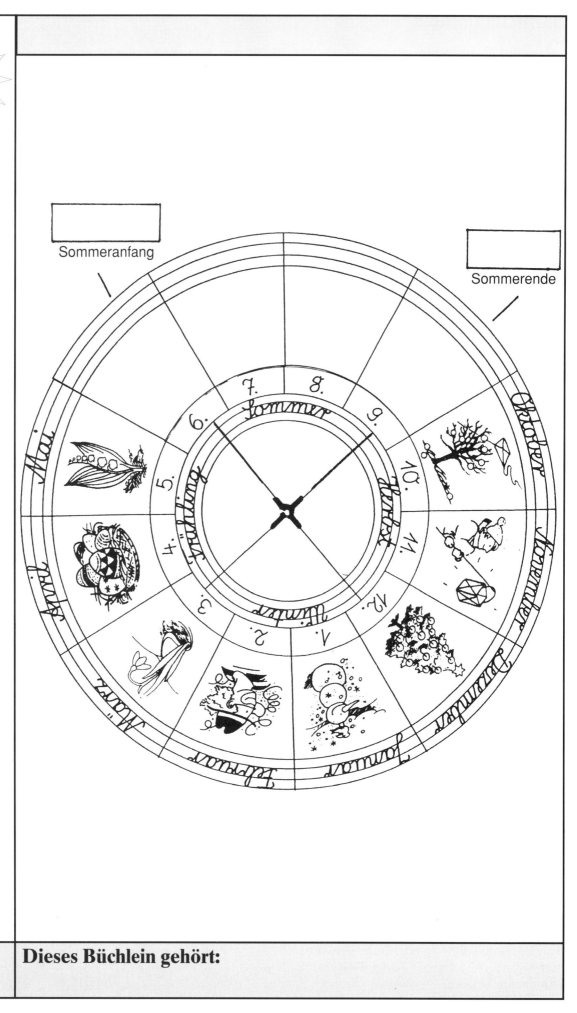

Sommeranfang

Sommerende

Dieses Büchlein gehört:

Titelblatt

1. Schneide die Monate und den Zeiger aus.

2. Klebe die Monate in der richtigen Reihenfolge auf.

3. Befestige den Zeiger mit einer Musterklammer in der Mitte der Scheibe (X).

4. Wann beginnt der Sommer? Wann endet der Sommer?
   Sieh in einem Kalender nach und trage ein.

Bastelvorlage zum Gedicht „Sommer" (S. 6)

1. Schneide an den durchgezogenen Linien aus.

2. Falte die Vorlage an den *senkrecht gestrichelten* Linien wie eine Ziehharmonika und klappe dabei die Blume nach innen.

3. Klebe das Faltblatt mit der Rückseite auf Seite 6.

Sommer

Weißt du, wie der Sommer riecht?
Nach Birnen und nach Nelken,
nach Äpfeln und Vergissmeinnicht,
die in der Sonne welken,
nach heißem Sand und kühlem See
und nassen Badehosen,
nach Wasserball und Sonnencrem
nach Straßenstaub und Rosen.

Weißt du, wie der Sommer schmeckt?
Nach gelben Aprikosen
und Walderdbeeren, halb versteckt
zwischen Gras und Moosen,
nach Himbeereis, Vanilleeis
und Eis aus Schokolade,
nach Sauerklee vom Wiesenrand
und Brauselimonade.

Weißt du, wie der Sommer klingt?
Nach einer Flötenweise,
die durch die Mittagsstille dringt,
ein Vogel zwitschert leise,
dumpf fällt ein Apfel in das Gras,
ein Wind rauscht in den Bäumen,
ein Kind lacht hell, dann schweigt es schnell
und möchte lieber träumen.

Ilse Kleberger

Aus: *Hans-Joachim Gelberg* (Hrsg.): Die Stadt der Kinder. Georg Bitter Verlag, Recklinghausen 1969.

Hier ist Platz für das Faltbild, das du aus S. 5 ausgeschnitten hast.

Wichtige Kalendertage im Sommer

21. Juni
Am 21. Juni ist **Sommeranfang**. An diesem Tag ist es am längsten hell, denn die Sonne hat ihren höchsten Stand am Himmel erreicht.
Ab 21. Juni steht die Sonne wieder niedriger. Deshalb nennt man den Sommeranfang auch die „**Sonnenwende**". Im nächsten halben Jahr geht die Sonne jeden Tag ein bisschen später auf und etwas früher unter. Am niedrigsten steht sie am 21. Dezember, am Winteranfang.
Schon immer betrachteten die Menschen die Sonne als Spenderin von Licht, Leben und Fruchtbarkeit. Bereits im alten Griechenland wurde die Sonnenwende mit einem großen Fest und dem Sonnwendfeuer gefeiert.

24. Juni
Der Bibel nach ist Johannes der Täufer ein halbes Jahr vor Jesus geboren. Deshalb ist der 24. Juni der Tag seiner Geburt **(Johanni)**. In der Bibel spricht Jesus von Johannes als „Lampe, die brennt und leuchtet". Deshalb wird das Sonnwendfeuer oft nicht mehr am Tag des Sommeranfangs, sondern an Johanni angezündet. Die Menschen tanzen dabei um das Feuer und springen durch die Flammen. Viele alte Bräuche aus vorchristlicher Zeit haben sich erhalten. Man glaubte, dass in der Nacht vor Johanni gefährliche und gute Kräfte wirken. So pflückte man bestimmte Kräuter und warf sie in das Feuer, um sich damit vor Unglück zu schützen.

27. Juni
Am 27. Juni ist „**Siebenschläfer**". Damit wird an sieben Brüder erinnert, die in Griechenland vor vielen hundert Jahren vor einer Christenverfolgung in eine Höhle geflüchtet sind. Dort wurden sie aufgegriffen und eingemauert. Der Legende nach sind sie nicht gestorben, sondern eingeschlafen. Als die Höhle nach langer Zeit wieder geöffnet wurde, hatten alle sieben Brüder die Gefangenschaft unversehrt überstanden. Deshalb erinnert man sich am 27. Juni an die „sieben Schläfer". Mit dem Tier, das auch „Siebenschläfer" heißt, hat dieser Tag nichts zu tun.
Für den 27. Juni gibt es eine Bauernregel: „Regnet es an Siebenschläfer, regnet es noch sieben Wochen". Die Erfahrung der Bauern wird heute durch die Wetterforscher (Meteorologen) bestätigt. Man kann das Sprüchlein zwar nicht wörtlich nehmen, tatsächlich entscheidet sich aber Ende Juni, wie das Wetter im Sommer wird.

15. August
Seit über tausend Jahren feiern die katholischen Christen am 15. August „**Mariä Himmelfahrt**". Als die Mutter Jesu wird Maria in der katholischen Kirche schon immer besonders verehrt. An Mariä Himmelfahrt soll sie von Gott in den Himmel aufgenommen worden sein. Deshalb ist dieser Tag in manchen Gebieten Deutschlands ein Feiertag.

Auf der Wiese (Schiebebild)

Maulwurf • Raupe • Schmetterling

Marienkäfer • Hummel

Regenwurm • Spinne • Heuschrecke

Schnecke • Ameise

Anleitung:
1. Schneide die Tiere aus.
2. Schneide an den durchgezogenen Linien von S. 9 einen Schlitz in das Papier.
3. Wo leben die Tiere? Stecke sie an die passende Stelle.

Eine Wiese zum Fühlen

Sammle auf einer Wiese …

etwas Schönes

ein Stück Rinde

etwas Weiches

etwas Rundes

etwas Hartes

etwas Spitzes

etwas Essbares

eine Feder

Klebe eine Folie darüber!

Sommerblumen

1. Presse vier verschiedene Sommerblumen, die dir besonders gefallen. Klebe sie hier auf und klebe über die Seite eine Folie.
2. Ein Bestimmungsbuch hilft dir, den Namen zu finden.

Name: _____

gefunden: _____

Name: _____

gefunden: _____

Name: _____

gefunden: _____

Name: _____

gefunden: _____

Der verdrehte Schmetterling

Ein Metterschling
mit flauen Blügeln
log durch die Fluft.

Er war einem Computer entnommen,
dem war was durcheinandergekommen,
irgendein Drähtchen,
irgendein Rädchen.
Und als man es merkte,
da war's schon zu spätchen,
da war der Metterschling
schon feit wort,
wanz geit.

Mir lut er teid.

Mira Lobe

© Claudia Lobe-Janz,
Reinhard Lobe
Aus: R. Wildermuth (Hrsg.):
Der Esel zog Pantoffeln an.
Ellermann, München 1975

Bastelanleitung Schmetterling

1. Die großen Kreise unten werden die Schmetterlingsflügel. Bemale sie mit kräftigen Farben (Filzstift, Wachsmalkreiden) in einem Fantasiemuster.
2. Schneide die Kreise aus.
3. So kannst du daraus die Flügel falten: Falte am Rand des Kreises einen Streifen von etwa 5 mm Breite ein. Drehe den Kreis um und falte von der anderen Seite einen genauso breiten Streifen ein (Bild 1). Das wird so oft wiederholt, bis aus dem Kreis eine Ziehharmonika geworden ist.

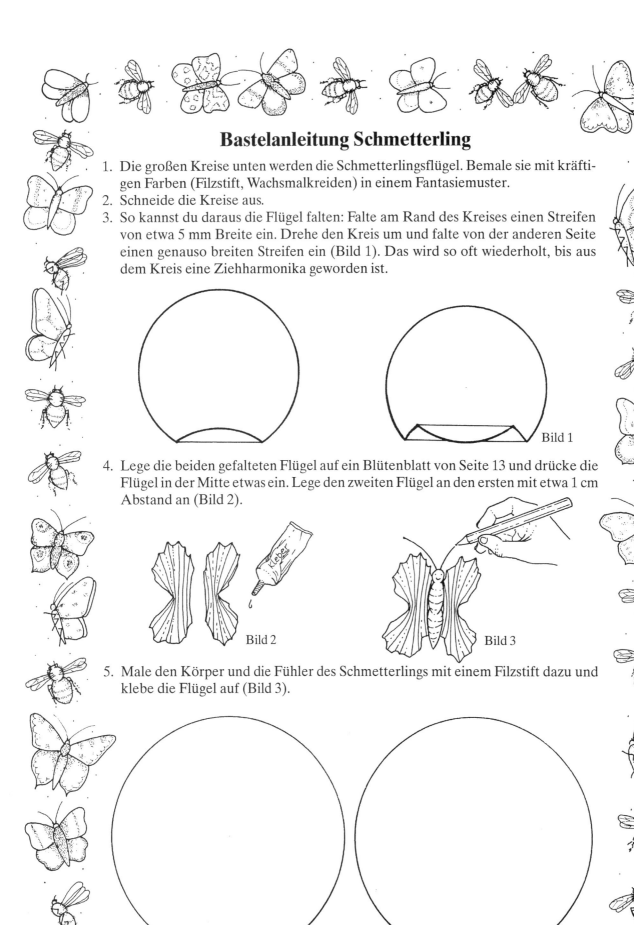

4. Lege die beiden gefalteten Flügel auf ein Blütenblatt von Seite 13 und drücke die Flügel in der Mitte etwas ein. Lege den zweiten Flügel an den ersten mit etwa 1 cm Abstand an (Bild 2).

5. Male den Körper und die Fühler des Schmetterlings mit einem Filzstift dazu und klebe die Flügel auf (Bild 3).

Schmetterlinge brauchen Brennnesseln

Ihren Namen trägt die Brennnessel zu Recht. Kaum berührt man sie, brechen die spröden Spitzen der Brennhaare ab. Dabei wird unsere Haut verletzt und in die kleinen Wunden dringt der Nesselsaft ein. Wer sich an einer Brennnessel schon einmal „gebrannt" hat, weiß, wie unangenehm das ist. Die Brennnessel schützt sich damit vor Tieren, die sie fressen wollen. Kaninchen zum Beispiel rühren keine Brennnessel an. Es gibt aber eine Reihe von Tieren, die diese Pflanze mit Stumpf und Stiel fressen, ohne dass es ihnen etwas ausmacht. Hierzu gehören Schnecken, Käfer und vor allem Schmetterlingsraupen. Die Raupen der verschiedenen Schmetterlingsarten haben ihre ganz bestimmten Futterpflanzen. Viele Schmetterlinge leben sogar nur von einer einzigen Pflanzenart. Manchmal verrät uns das schon der Name des Schmetterlings, zum Beispiel Malvenfalter oder Distelfalter.

Ohne die Brennnessel könnten viele wunderschöne Falter nicht entstehen, denn ihre Raupen ernähren sich von Brennnesseln. Manche Schmetterlingsraupen, wie der Admiral, der Kleine Fuchs und das Tagpfauenauge, fressen sogar nur Brennnesseln. Die Brennnessel hat also im Haushalt der Natur einen wichtigen Platz. Sie ist nützlich und wertvoll. Einige unserer schönen Falter gibt es nur dort, wo genügend Brennnesseln stehen und das Schmetterlingsweibchen die Eier ablegen kann. Meist bevorzugt es dafür sonnige Plätze. Aus manchem Ei entwickelt sich dann ein bunter Falter, an dem wir im Sommer unsere Freude haben.

© *Christian E. Hannig.*
Aus: Mücke 6 – 7/1986, Universum Verlag, Wiesbaden

Male die Schmetterlinge in den richtigen Farben aus.
Du kannst dazu in einem Bestimmungsbuch nachsehen.

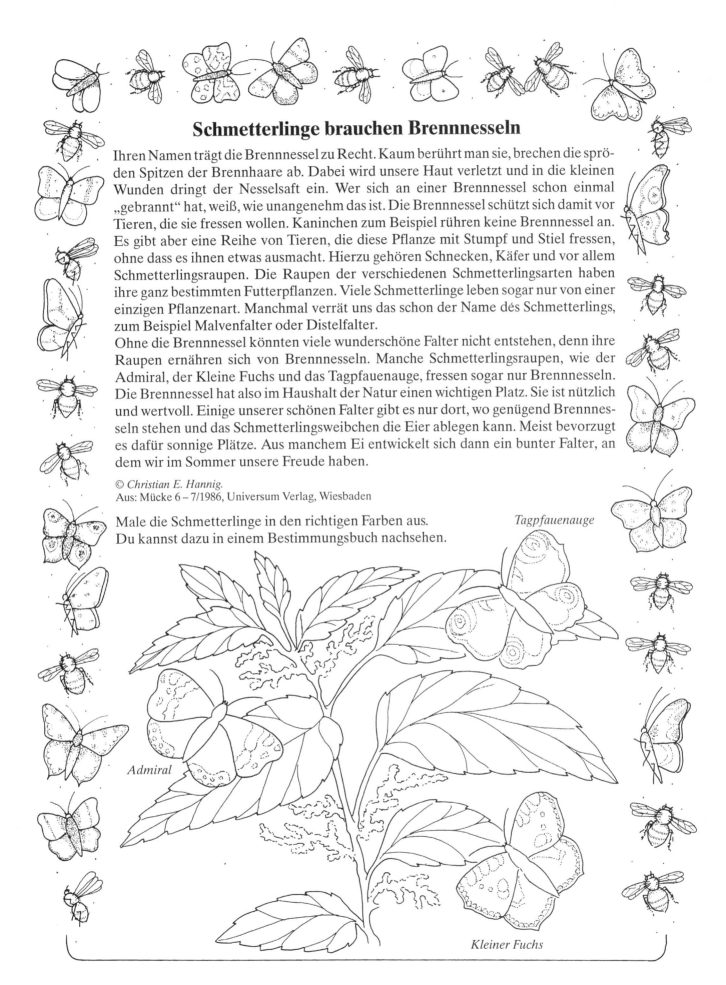

Tagpfauenauge

Admiral

Kleiner Fuchs

Ein Schmetterling fürs Fenster (Transparent)

An einem Sommermorgen

Volkslied
Text: Theodor Fontane (1819–1898)

1. An einem Sommermorgen, da nimm den Wanderstab, es fallen deine Sorgen wie Nebel von dir ab. Tra-la-la-la-la-la-la-la tra-la-la-la-la-la, es fallen deine Sorgen wie Nebel von dir ab.

2. Des Himmels heitre Bläue
   lacht dir ins Herz hinein
   und schließt wie Gottes Treue
   mit seinem Dach dich ein.
   Tra-la-la … dich ein.

3. Rings Blüten nur und Triebe
   und Halm, vom Segen schwer.
   Dir ist's, als zög die Liebe
   des Weges nebenher.
   Tra-la-la … nebenher.

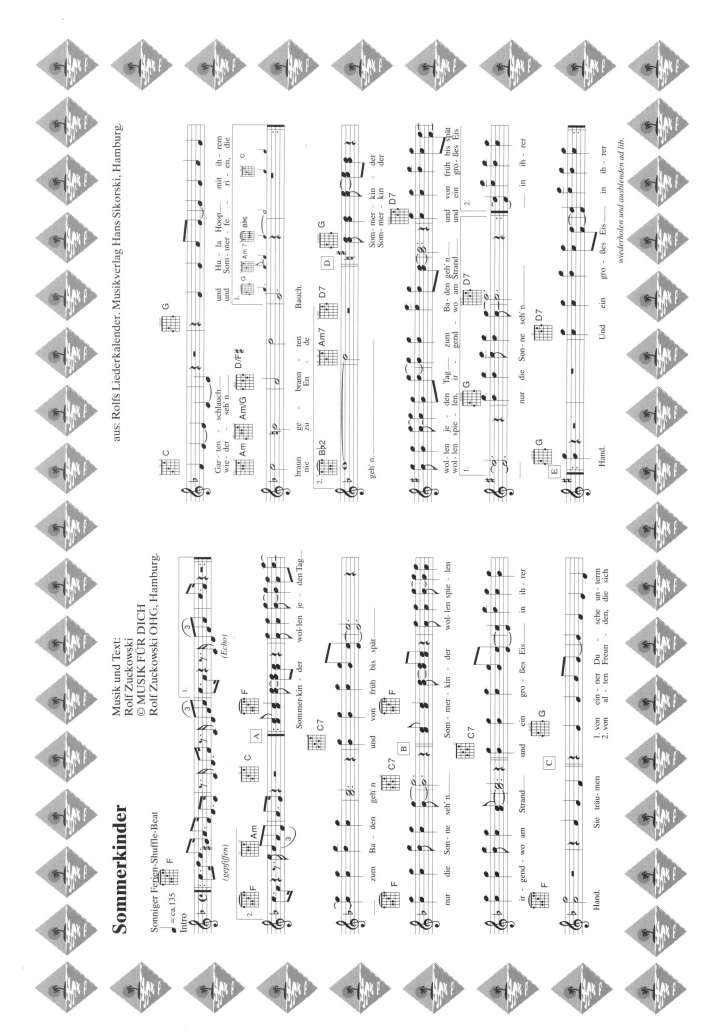

Hört ihr die Regenwürmer husten ...

Text: entstanden bei Ferienspielen des Stadtjugendamtes Mannheim
Melodie: Annemarie Stollenwerk
Aus: Bausteine Kindergarten, Wiesengeschichten, Heft 2/92.
Verlag Bergmoser + Höller, Wiesbaden

Spielanregung:
Alle Kinder knien im Kreis nebeneinander; zuerst den Klatschrhythmus zum Lied üben, dazu mit den Händen auf die eigenen Knie schlagen, dann auf das rechte eigene und das linke Bein des Nachbarkindes schlagen, dann auf das linke eigene und rechte Bein des Nachbarkindes schlagen; wenn die Kinder den Rhythmus verstanden haben, immer schneller singen und klatschen.

Fridolin, der kleine Regenwurm

„Oh, oh", stöhnte Fridolin, „wie ist es mir warm! Ganz trocken fühlt sich meine Haut an und es ist so mühsam, sich vorwärts zu bewegen." Fridolin ist ein kleiner Regenwurm und er lebt mit seinen Verwandten auf einer großen, bunten Wiese am Rande der Stadt. Er liebt die feuchte, duftende Erde nach einem Regenschauer und bohrt sich dann voller Freude in den Boden. Doch das ist ihm heute viel zu beschwerlich. Schon seit Tagen hat es nicht mehr geregnet. Die Blumen und Gräser auf der Wiese lassen traurig ihre Köpfe hängen und auch Fridolin und seine Verwandten liegen kraftlos und müde in der trockenen Erde. „Wenn es doch nur regnen würde, nur ein kleines bisschen," sagt Fridolin zu sich selbst. Doch am Mittagshimmel steht strahlend hell die Sonne und sie schickt ihr heißes blendendes Licht von einem beinah wolkenlosen Himmel auf die Erde. Fridolin ist ganz erschöpft von der Wärme und vor lauter Erschöpfung fällt er in einen tiefen Schlaf. Plötzlich schreckt er aus dem Schlaf hoch. Was ist das für ein unheimliches Brummen und Dröhnen in der Erde? „Was mag das nur sein?", denkt Fridolin und er zittert dabei am ganzen kleinen Regenwurmkörper. Von seinen Verwandten ist weit und breit niemand zu sehen. Das Brummen und Dröhnen wird immer lauter, einmal leiser und als es eine Weile still bleibt, bohrt sich Fridolin langsam durch den trockenen Boden nach oben auf die Wiese. Und was meint ihr, was er dort sieht? Dicke, schwarze Gewitterwolken stehen am Himmel, Blitze zucken und das Krachen des Donners erhellt die ganze Wiese und den angrenzenden Wald. Fridolin fürchtet sich noch ein wenig wegen des Lärms und schaut vorsichtig aus der Erde. Doch mit einem Mal beginnt er über das ganze Gesicht zu strahlen: dicke Regentropfen platschen vom schwarzen Himmel und prasseln auf die trockene Wiese. Und in Sekundenschnelle ist die Wiese nass und duftend – so wie Regenwürmer es lieben. Glücklich ist unser kleiner Fridolin nun, und den ganzen Abend feiert er mit seinen Verwandten und Freunden ein lustiges Regenwurm-Wiesen-Fest.

A. Stollenwerk

Wiesen-Domino: Wer bin ich?

1. Schneide die Teile aus. 2. Lege sie richtig aneinander. 3. Klebe sie auf ein Blatt auf.

A	Ich werde zur Pusteblume.	Spinne	Ich werfe Hügel auf.	Gras-hüpfer	Meine Blüte ist rot.
Marien-käfer	Ich sehe aus wie ein großes Gänse-blümchen.	Löwen-zahn	Kühe fressen mich gern.	Maul-wurf	Meine Blüte sieht aus wie eine Glocke.
Klatsch-mohn	Mein Fell ist gelbbraun.	Glocken-blume	Meine Blüte ist blau.	Feld-maus	Ich habe Punkte auf dem Rücken.
Mar-gerite	Ich webe ein feines Netz.	Wiesen-klee	Ich kann laut zirpen.	Korn-blume	E

Wiesen-Domino (Lösung): Ich werde zur Pusteblume: Löwenzahn. Kühe fressen mich gern: Wiesen-Klee. Ich kann laut zirpen: Grashüpfer. Meine Blüte ist rot: Klatschmohn. Mein Fell ist gelbbraun: Feldmaus. Ich habe Punkte auf dem Rücken: Marienkäfer. Ich sehe aus wie ein großes Gänseblümchen: Margerite. Ich webe ein feines Netz: Spinne. Ich werfe Hügel auf: Maulwurf. Meine Blüte sieht aus wie eine Glocke: Glockenblume. Meine Blüte ist blau: Kornblume.

Sommernachtstraum
Wir malen eine bunte Blumenwiese bei Nacht

Arbeitsmaterial: schwarzes Tonpapier, Zuckerkreide

Herstellung der Zuckerkreide: Je sechs Kinder brauchen eine Schachtel bunte Tafelkreide.
Wir stellen aus 5 l lauwarmem Wasser mit 5 Esslöffeln Zucker in einem Eimer eine Lösung her. Die Tafelkreide wird eine Stunde vor Arbeitsbeginn hineingelegt; die Kreiden und die Lösung durch ein Sieb abtropfen lassen und mit der noch feuchten Kreide malen. Nach dem Trocknen leuchten die Blumen wunderschön. Die ausgeschnittenen Blumen lassen sich mit kleinen Röllchen aus Klebstreifen an der Wandtafel oder auf einem Karton zu einem Bild zusammenkleben.
Bei einer Gruppenarbeit entstehen kleine Wiesenstücke, die sich zu einer großen Wiese zusammenstellen lassen.

Kennst du die Baderegeln?

1. Bade nicht mit vollem Magen, sondern warte nach dem Essen eine halbe Stunde.
2. Springe nicht erhitzt ins Wasser, sondern mache dir zuerst Arme und Beine nass. Dann kann sich dein Körper besser an das kalte Wasser gewöhnen.
3. Das Schwimmbecken oder der See ist keine Toilette. Also raus aus dem Wasser, wenn du musst.
4. Trockne dich nach dem Baden gut ab, damit du nicht frierst.
5. Wenn du nicht genau weißt, wie tief das Wasser ist, springe auf keinen Fall hinein.
6. Schwimme nicht zu weit hinaus, denn du brauchst auch noch Kraft für den Rückweg.
7. Nichtschwimmer gehören ins flache Wasser oder ins Nichtschwimmerbecken.
8. Luftmatratzen sind nichts für Nichtschwimmer.
9. Wo Sprungbretter sind, sollst du nicht schwimmen.
10. Auf Seen fahren auch Wasserfahrzeuge. Halte dich von ihnen fern.
11. An den Ufern freier Gewässer wachsen oft Sumpf- und Wasserpflanzen. Sie können dich umschlingen und festhalten; also meide sie.
12. Wenn du eine lange Strecke schwimmen willst, lasse dich unbedingt beobachten. Das gilt auch für das Streckentauchen.

 # Sommerrezepte

Hier findest du zwei Sommerrezepte.
Schneide Bilder und Textstreifen aus und ordne sie einander richtig zu.

Fülle den Obstquark portionsweise in Schälchen. Mit ganzen Keksen oder Müsli verzieren.

Den Pfirsich und die Aprikose waschen, halbieren und klein schneiden. Ein paar Weintrauben waschen, entkernen und halbieren. Himbeeren, falls nötig, vorsichtig waschen.

Schneide zwei Zitronen auseinander und presse sie mit einer Zitronenpresse aus.

Gieße den Zitronensaft in einen Krug. Gib zwei oder drei Esslöffel Zucker (je nach Geschmack) dazu und verrühre ihn mit dem Saft.

250 g Quark mit zwei Löffeln Milch und dem zerkleinerten Obst verrühren.

Ein Päckchen Vanillezucker und einen halben Becher süße Sahne steif schlagen und mit der Obst-Quarkmasse vermischen.

Gib anschließend einen Liter Mineralwasser dazu. Kräftig umrühren!

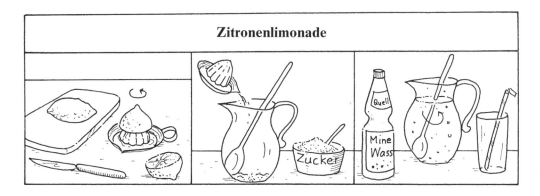

Pack die Badehose ein

Marsch-Polka

Text: Hans Bradtke
Musik: Gerhard Froboess
© 1951 by Musikverlag
Froboess & Budde KG, Berlin.

Weshalb schwitzen wir?

Wenn wir uns anstrengen oder wenn es heiß ist, dauert es nicht lange, bis wir schwitzen: die Haut wird feucht, auf der Stirn bilden sich Tröpfchen. Bald hängen uns die Haare nass ins Gesicht und die Kleider beginnen am Körper zu kleben. Das ist sicher kein angenehmes Gefühl und Schweiß hat auch die lästige Eigenschaft, sich bald zu zersetzen und dann unangenehm zu riechen. Trotzdem ist das Schwitzen notwendig für unsere Gesundheit.

Wenn wir gesund und munter sind, haben wir eine Körpertemperatur von ungefähr 37 Grad. Wenn unser Körper eine Krankheit bekämpfen will, steigt diese Temperatur – wir haben Fieber. Andernfalls versucht unser Körper, sich wieder auf Normaltemperatur abzukühlen. Wie funktioniert das?

Die Nervenenden in unserer Haut fühlen die Hitze und melden dem Gehirn: „Vorsicht! Uns wird es zu heiß!". Daraufhin veranlasst das Gehirn, dass Blut aus dem Körperinneren abgezogen wird und verstärkt durch die Adern gleich unter der Haut fließt. Die Haut wird warm und rötet sich; feucht wird sie auch, weil kleine Schweißdrüsen dem Blut Feuchtigkeit entnehmen und diese als Schweiß an die Hautoberfläche transportieren. Dort verdunstet die Feuchtigkeit und kühlt damit die Haut ab – und das darunterfließende Blut ebenso.

Der Schweiß kühlt nicht nur, sondern bringt auch Abfallstoffe aus dem Körper nach außen, beispielsweise Salz. Deswegen schmeckt er auch salzig und lässt nach dem Verdunsten einen feinen Salzfilm auf der Haut zurück. Diese Aufgabe muss er immer erfüllen, auch wenn uns nicht heiß ist; deshalb schwitzen wir immer ein bisschen, obwohl wir es vielleicht gar nicht merken. In der Nacht zum Beispiel sondern wir etwa einen halben Liter Schweiß ab! Darum sollte auch nicht nur die Bettwäsche häufig gewechselt werden, sondern auch Decken und Matratzen von Zeit zu Zeit gereinigt oder ausgetauscht werden.

Bei großer Hitze oder Anstrengung kann der menschliche Körper bis zu 15 Liter Schweiß abgeben! So viel Flüssigkeit muss ersetzt werden, wenn der Körper nicht austrocknen soll. Wir müssen viel trinken, vor allem Wasser und erfrischende Tees, aber nicht zu viel gesüßte Getränke.

Wie das Verdunsten von Schweiß den Körper kühlt, kannst du selbst ausprobieren. Feuchte deinen Handrücken an und blase leicht darüber, um die Verdunstung zu beschleunigen. Was spürst du?

Sonne kann gefährlich sein!

Ohne die Sonne, die uns Licht und Wärme spendet, wäre auf der Erde kein Leben möglich. Und was gibt es Schöneres als einen sonnigen Sommertag?

Dass die Sonnenstrahlen aber auch gefährlich sein können, hast du sicher schon erlebt: Ein Sonnenbrand kann sehr schmerzhaft sein. Deshalb ist es wichtig, sich mit Sonnenöl oder Sonnencreme zu schützen. Weißt du, dass sich auch die Erde gegen gefährliche Sonnenstrahlen schützt?

Hoch oben in der Luft, in ungefähr 25 Kilometern Höhe, befindet sich der „Schutzschild" der Erde. Es besteht aus einem bläulichen Gas mit einem stechenden Geruch, dem Ozon. Nach ihm ist der Schutzschild benannt: die Ozonschicht. Sie filtert die Sonnenstrahlen heraus, die für uns Menschen gefährlich sind. Man nennt diese unsichtbaren Strahlen UV-Strahlen (ultraviolette Strahlen). Im Laufe der letzten 30 Jahre ist die Ozonschicht dünner geworden. 1985 haben Wissenschaftler zum ersten Mal ein Loch in der Schutzhülle entdeckt. Es befindet sich über der Antarktis. Aber auch über der Arktis wird die Ozonschicht immer dünner. Mit Satelliten überprüfen die Wissenschaftler, wo neue Löcher entstanden sind.

Durch die Löcher gelangen mehr UV-Strahlen auf die Erde. Deshalb nimmt die Gefahr zu, einen Sonnenbrand zu bekommen. Durch starke Sonnenbrände kann später Hautkrebs entstehen.

So kannst du dich schützen:
1. Gehe nicht zu lange in die Sonne, vor allem nicht während der Mittagszeit.
2. Schütze dich mit Sonnenhut und Sonnencreme oder Sonnenöl. Creme dich eine halbe Stunde vor dem Sonnenbad ein.
3. Wenn du längere Zeit draußen bist, suche dir ein schattiges Plätzchen.
4. In der Nähe von Sand, Beton oder Wasser ist die Sonne besonders stark.
5. Nach dem Baden solltest du dich nochmals eincremen (auch wasserfeste Creme verliert durch das Baden ihre Schutzwirkung!).
6. Auch wenn du eine Creme mit hohem Schutzfaktor verwendest, solltest du nicht viel länger als sonst (ohne Sonnencreme) in der Sonne bleiben.

Schuld an den Löchern sind wir Menschen. Lange Zeit wurden Spraydosen verwendet, die ein Treibgas (FCKW, das ist die Abkürzung für Fluorchlorkohlenwasserstoffe) enthielten. Dieses Gas steigt nach oben in die Luft und zerstört das Ozon. Auch bei der Herstellung von Schaumstoffen wird es verwendet, Farben und Lacke enthalten es zum Teil ebenfalls. Seit 1997 ist die Verwendung von FCKW bei uns ganz verboten. Bis zum Jahr 2000 will man es weltweit verbieten. Allerdings wird es lange dauern, bis wir eine Verbesserung spüren. Selbst wenn man auf der Stelle aufhören würde, dieses Treibgas zu verwenden, würde man frühestens in 20 Jahren etwas davon merken.

So sieht die Erdkugel von unten aus:

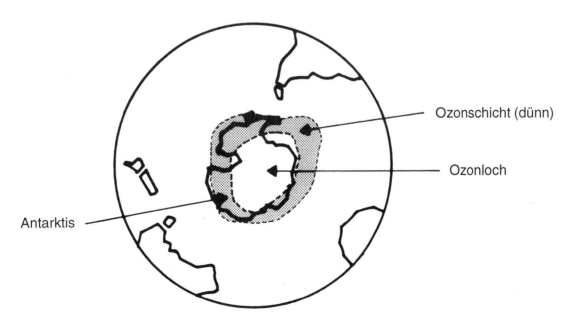

Wir basteln einen Sonnenschutz

Bastelanleitung:
*Du brauchst dazu:
Hutgummi, ca. 25 cm lang,
Karton*

1. Male den Schirm, wenn du willst, bunt an und klebe ihn auf Karton.
2. Schneide den Schirm aus.
3. Stich an den markierten Stellen mit einer spitzen Schere zwei Löcher in den Schirm.
4. Verknote die Enden des Hutgummis an den Löchern.

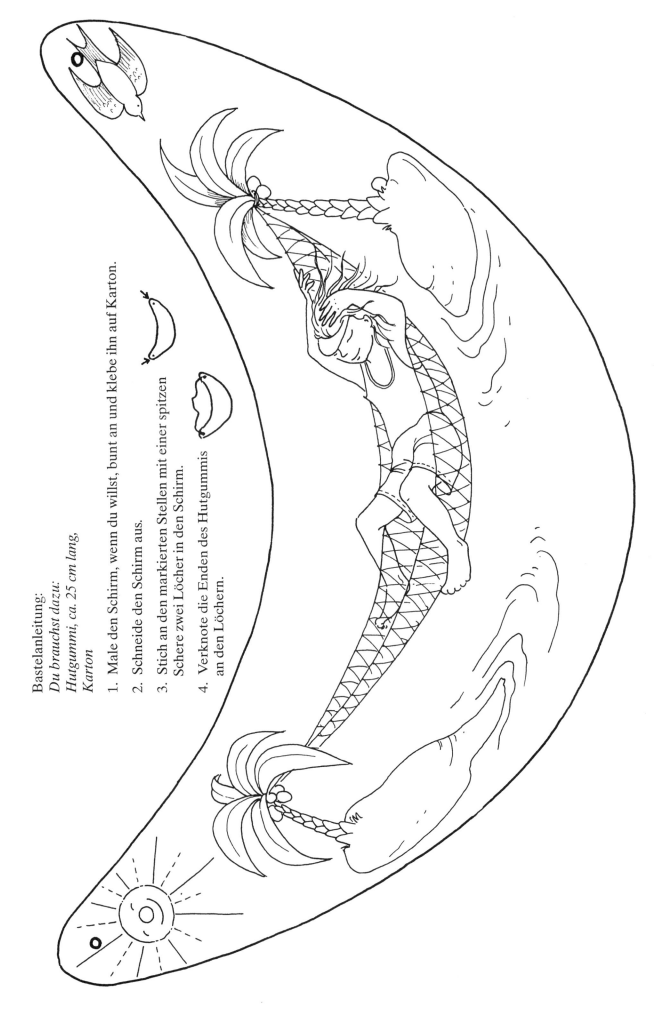

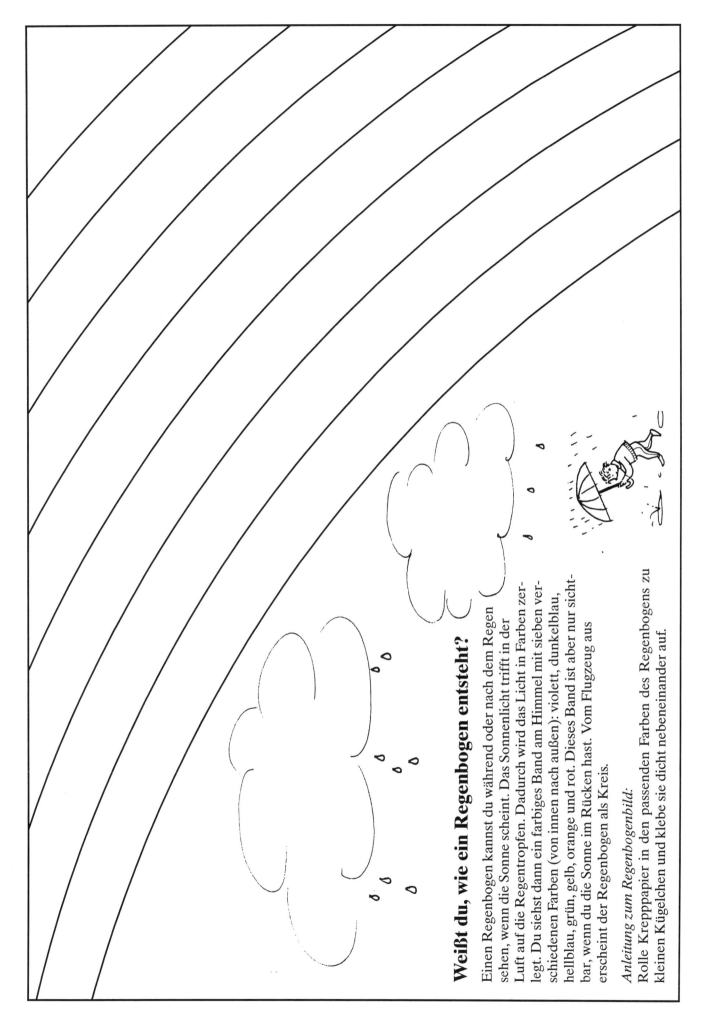

Weißt du, wie ein Regenbogen entsteht?

Einen Regenbogen kannst du während oder nach dem Regen sehen, wenn die Sonne scheint. Das Sonnenlicht trifft in der Luft auf die Regentropfen. Dadurch wird das Licht in Farben zerlegt. Du siehst dann ein farbiges Band am Himmel mit sieben verschiedenen Farben (von innen nach außen): violett, dunkelblau, hellblau, grün, gelb, orange und rot. Dieses Band ist aber nur sichtbar, wenn du die Sonne im Rücken hast. Vom Flugzeug aus erscheint der Regenbogen als Kreis.

Anleitung zum Regenbogenbild:
Rolle Krepppapier in den passenden Farben des Regenbogens zu kleinen Kügelchen und klebe sie dicht nebeneinander auf.

Das Froschkonzert

Text: Hans Bauer
Melodie: aus England

1. Heu-te ist ein Frosch-kon-zert, qua, qua, qua, qua, qua.
   Je-der hier am Wei-her röhrt,
   Grü-ne, gel-be, brau-ne, al-le qua-ken gern und
   kei-ner darf das Frosch-kon-zert hier am Wei-her stör'n.

2. Da hört es die Katze schon, qua, qua, qua, qua, qua.
   Was ist das denn für ein Ton, na, na, na, na, na!
   Schleicht auf leisen Pfoten, keiner soll es hör'n,
   denn gleich will sie das Froschkonzert dort am Wasser stör'n.

3. Kommt auf weichen Tatzen an, tipp, tipp, tipp, tipp, tipp,
   schaut, wen sie sich schnappen kann, nipp, nipp, nipp, nipp, nipp.
   Grüne, gelbe, braune, alle möcht sie gern
   und jetzt will sie das Froschkonzert ratzeputz verzehr'n.

4. Erst nehm ich den Dicken hier, dick, dick, dick, dick, dick,
   der wird gut bekommen mir, nick, nick, nick, nick, nick.
   Duckt sich hin zum Sprunge dort auf ihrem Platz
   und mittenrein ins Froschkonzert macht sie einen Satz.

5. Aber wie sind Frösche schlau, duck, duck, duck, duck, duck,
   kennen die Gefahr genau, gluck, gluck, gluck, gluck, gluck,
   tauchen alle unter, keiner ist mehr da.
   Die Katze liegt im Wasser drin, ha, ha, ha, ha, ha!

6. Frösche, die am Weiher röhr'n, qua, qua, qua, qua, qua,
   soll man nicht beim Röhr'n stör'n, ja, ja, ja, ja, ja!
   Grüne, gelbe, braune, alle quaken gern,
   drum darf man sie beim Froschkonzert niemals, niemals stör'n.

Umrahmt das Lied mit einer „Froschmusik":
Die Frösche springen ins Wasser. Wie kann man dieses Geräusch nachmachen?
Ein Frosch fängt an zu quaken, alle machen mit; auf ein Zeichen hören alle auf.
Ein neuer Vorquaker beginnt, alle machen mit, bis die Katze auftaucht.
Nun folgt das Lied.
Nach dem letzten Vers ist das Lied noch nicht aus!

aus: *Hans Bauer,* Lieder für junge Füchse. Verlag Sandner, Fürth 1994, S. 6
Die Lieder sind auf Musikkassette und auf Diskette (und somit auf dem Keyboard abspielbar)
beim Verlag Sandner, Keplerstr. 30, 90766 Fürth, erhältlich.

Zu Besuch im Sommerland

Schließe die Augen und werde ganz ruhig. Du legst die Hände auf deinen Bauch und spürst, wie du atmest. In Gedanken gehst du auf die Reise. Sie führt dich aus dem Klassenzimmer. Es geht durch lange Gänge, du lässt allen Lärm hinter dir, bis es ganz still geworden ist. Dann stehst du vor einer Tür. Durch die Türritzen spitzen Sonnenstrahlen und erleuchten den düsteren Gang. Schritt für Schritt kommst du näher und wirfst einen Blick durch das Schlüsselloch. Du siehst eine große, bunte Blumenwiese. Die Tür öffnet sich wie von selbst. Der Gang verschwindet und du stehst mitten im Sommerland. Ein lauer Wind fährt dir durchs Haar, die Sonnenstrahlen fühlst du warm auf deiner Haut. Auf der Wiese um dich herum blühen die schönsten Sommerblumen: Roter Mohn, weiß-gelbe Margeriten und blaue Kornblumen. Die Halme biegen sich sanft im Wind. Barfuß schreitest du durchs Gras auf ein kleines Wäldchen am Ende der Wiese zu. Dort ist es angenehm kühl. Du hörst das Rauschen der Blätter. In den Kronen der Bäume zwitschern die Vögel. Du streckst deine Arme aus, atmest tief durch und riechst den angenehmen Duft des moosigen Waldbodens. Langsam gehst du von Baum zu Baum. Auf einer Lichtung siehst du Schmetterlinge, die vergnügt miteinander in der Luft tanzen. Da hörst du ein leises Gluckern. Zwischen den Bäumen funkelt in den Strahlen der Sonne ein Bächlein. Dort willst du hin. Die Schmetterlinge zeigen dir den Weg. Das Wasser ist hell und klar. Auf seinem Grund liegen hell geschliffene, vom Wasser blank geputzte Edelsteine. Langsam lässt du dich am Ufer nieder und hörst die Stimme des Schmetterlings: „Wir haben schon lange auf dich gewartet. Einer dieser Steine ist für dich." Staunend greifst du ins Wasser, nimmst dir einen Stein und lässt dich von den leuchtenden Farben verzaubern. – *(Hier evtl. leise Musik einspielen)* – „Es wird langsam Zeit für dich, zurückzugehen," flüstert der Schmetterling in die Stille hinein. „Besuche uns bald wieder und bringe deine Freunde mit!" Mit einem Mal sind die Schmetterlinge verschwunden. Wie in einem Wirbel fliegst du durch die Luft zurück ins Klassenzimmer. War das wirklich wahr oder war es nur ein Traum? In deiner Hand hältst du immer noch den leuchtenden Edelstein. Das war ein schöner Tag, an den du dich noch lange erinnern wirst.

Male ein Bild von deinem Besuch im Sommerland!

Als Erinnerung ans Sommerland darf sich jedes Kind aus einem Säckchen einen Edelstein nehmen.
Tipp: Edelsteine und Glasnuggets gibt es beim Wehrfritz-Verlag, Postfach 1107, 96473 Rodach

Tiere und Pflanzen des Waldes (Lösung)

Original und Fälschung: Finde zehn Unterschiede

Original und Fälschung (Lösung)

Waldquiz

Mitspieler: zwei bis sechs Kinder

Material: Würfel, Spielplan (vergrößern), Spielfiguren, Verhaltens- und Quizkarten. Die Verhaltenskarten (S. 38) werden auf rotes, die Quizkarten (S. 37) auf grünes Tonpapier kopiert und ausgeschnitten.

Verlauf: Die roten Verhaltenskarten und die grünen Quizkarten liegen verdeckt jeweils auf einem Stapel neben dem Spielfeld. Gehe entsprechend der Augenzahl, die du gewürfelt hast, auf dem Spielplan vorwärts. Kommst du auf einen Laubbaum, nimmt dein Nachbar die oberste grüne Karte vom Stapel und liest dir die Frage vor. Kannst du sie richtig beantworten, darfst du zur nächsten Ruhebank vorrücken, sonst musst du rückwärts zur nächsten Bank ziehen. Kommst du auf einen Nadelbaum, musst du die Frage auf der obersten roten Karte beantworten. Die Karte kommt anschließend zuunterst unter den jeweiligen Stapel. Wer zuerst am Ziel ist, hat gewonnen.

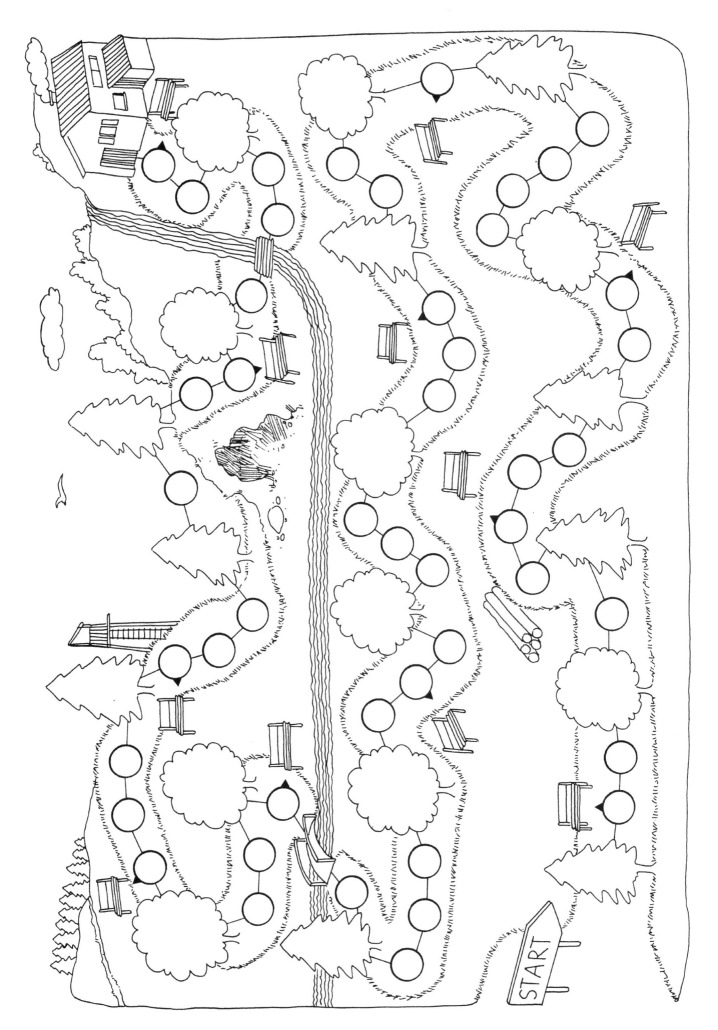

Waldquiz (Quizkarten)

Meine Früchte sind klein und rot, meine Blütenblätter weiß. Ich habe Verwandte in vielen Gärten. Kinder essen mich gern. Lösung: Walderdbeere	Ich werfe im Herbst meine Nadeln ab. Lösung: Lärche	Ich bin grün wie Gras und wachse unter Bäumen und auf Lichtungen. Lösung: Moos
Ich fresse aus den Zapfen der Nadelbäume die Samen heraus. Ich kann sehr gut klettern. Lösung: Eichhörnchen	Ich ernähre mich von Insekten und bin in der Dämmerung unterwegs. Ich bin kein Vogel, sondern ein Säugetier. Lösung: Fledermaus	Mich kann man nicht am Schwanz festhalten. Ich gehöre zu einer Tierart, die schon sehr lange die Erde bewohnt. Meine Vorfahren waren riesig. Lösung: Eidechse
Ich komme häufig in Märchen und Fabeln vor und bin darin wegen meiner Schläue bekannt. Lösung: Fuchs	Wir verbinden die Baumwurzeln miteinander. Über uns tauschen die Bäume Nährstoffe aus. Lösung: Pilze	Ich habe meinen Namen von dem Zeichen auf meinem Rücken. Ich töte meine Beute durch einen giftigen Biss, bin aber für den Menschen ungefährlich. Lösung: Kreuzspinne

Waldquiz (Verhaltenskarten)

Warum ist Zündeln im Wald gefährlich?	Warum darfst du keine Tiere anfassen?	Warum darf man geschützte Pflanzen nicht pflücken?
Lösung: Weil das trockene Holz gerade im Sommer leicht brennt.	Lösung: Weil sie Tollwut oder eine andere Krankheit haben könnten.	Lösung: Weil es von diesen Pflanzen nicht mehr viele gibt. Manche sind vom Aussterben bedroht.
Warum ist es gefährlich, unbekannte Pilze oder Beeren zu essen?	Warum sollst du keine Abfälle wie Plastiktüten oder Limodosen im Wald zurücklassen?	Warum ist es wichtig, sich im Wald leise zu verhalten?
Lösung: Weil sie giftig sein könnten.	Lösung: Weil der Wald der Lebensraum vieler Tiere ist. Auch Menschen wollen sich dort erholen. Abfälle gehören in den Hausmüll!	Lösung: Weil du mit Lärm die Tiere stören würdest.
Warum sollst du von Vogelnestern wegbleiben?	Warum sollst du nicht in Baumschonungen spielen?	Warum darfst du einen Ameisenhaufen nicht zerstören?
Lösung: Weil die Vogeleltern sich sonst nicht trauen, zu ihrem Nest zurückzufliegen.	Lösung: Weil du die gepflanzten kleinen Bäumchen zertreten oder beschädigen könntest.	Lösung: Weil die Ameisen darin leben und arbeiten. Ameisen sind die „Polizei" des Waldes. Sie vertilgen Schädlinge.

Trarira

Tra - ri - ra, die Fe - ri - en sind da!

Wo - hin wollt ihr denn fah - ren?
Nach Nor - der - ney...

Ja, ja, ja, die Fe - ri - en sind da!

Text und Melodie: volkstümlich
Fassung: © Klett
Aus: Unser Musikbuch Quartett

1. Trarira, der Sommer, der ist da!
   Wir wollen in den Garten
   und wolln des Sommers warten.
   Ja, ja, ja, der Sommer, der ist da!

2. Trarira ...
   Der Sommer hat gewonnen,
   der Winter ist zerronnen.
   Trarira ...

3. Trarira ...
   Wir wollen hinter die Hecken
   und wolln den Sommer wecken.
   Trariara ...

Saftkartonboote

Material: Leere Saftkartons, Strohhalme, buntes Papier, leere Schachteln, etwas Watte (für einen Dampfer), Buntstifte oder Wachsmalkreiden, Klebstoff, Messer

Sehr schöne Boote kannst du aus Saftkartons bauen:
(1) Saftkarton auf eine Unterlage legen und die obere Fläche mit einem Messer ausschneiden, (2) ein Stück Buntpapier als Segel zurechtschneiden und einen Strohhalm durchstecken, (3) den Strohhalm am unteren Ende einschneiden und auseinanderklappen, (4) den Strohhalm unten im Karton festkleben und das Segelboot bunt anmalen.
(5) Dampfer: Statt des Segels kleine Schachteln in die Kartons und Watte auf den Schornstein kleben.

Faltschiffchen (Bastelanleitung)

Hast du Lust, mit einem Schiffchen auf große Reise zu gehen?
Dann kannst du eines basteln.
Auf das Fähnchen kannst du malen oder schreiben, wo es hinfahren soll.

Das brauchst du:
ein großes rechteckiges Blatt (DIN A 4)
ein Schaschlikstäbchen
einen weißen Papierstreifen, ca. 7 x 18 cm.

So wird's gemacht:

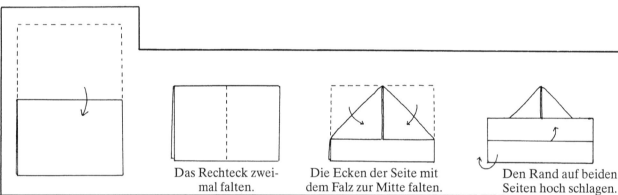

Das Rechteck zweimal falten.

Die Ecken der Seite mit dem Falz zur Mitte falten.

Den Rand auf beiden Seiten hoch schlagen.

Die entstandene Form wird auseinander gezogen …

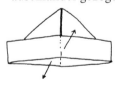

… und sieht dann so aus.

Die nach unten zeigende Spitze nach oben falten,

ebenso auf der Rückseite.

Die Form wird wieder auseinander gezogen …

… und dann so zum Schiffchen geformt.

Zum Schluss wird der Papierstreifen bemalt, zur Hälfte gefaltet und um das Schaschlikstäbchen geklebt. Dann wird das Fähnchen in das Schiffchen gespießt.

Spiele für drinnen und draußen

Unsichtbare Geisterhand

Verlauf:
Alle Kinder bilden einen Kreis. Ein Kind wandert um den Kreis herum. Die Kinder singen nach einer einfachen Fantasiemelodie:

> Im Kreis muss er/sie gehn,
> im Kreis muss er/sie gehn,
> jetzt soll er/sie stehn.

Das Kind bleibt daraufhin hinter einem Kind stehen und schreibt diesem mit dem Zeigefinger einen Buchstaben oder eine Zahl auf den Rücken. Erkennt das Kind den Buchstaben oder die Zahl, wandert es in der folgenden Spielrunde selbst im Kreis herum und stellt ein Rätsel.

Gedankenblitz

Verlauf:
Alle Mitspieler sitzen im Kreis oder bei geringerer Anzahl um einen Tisch. Der Spielleiter beginnt und nennt ein Wort, z. B.: Wasser. Das Kind, das rechts von ihm sitzt, sagt schnell, was ihm dazu einfällt, z. B.: Ich schwimme gern. Anschließend darf es ein neues Wort vorgeben. Damit das Spiel Spaß macht, sollte ohne langes Nachdenken assoziiert werden. Wenn einem Kind nichts einfällt, ist das rechts von ihm sitzende Kind an der Reihe.

Fühl mal!

Mitspieler: vier bis sechs Kinder pro Gruppe
Material: für jede Gruppe ein Fühlsack, gefüllt mit Gegenständen von Wald und Wiese

Verlauf:
Die Kinder greifen nacheinander in den Sack und versuchen durch Fühlen herauszufinden, welche Gegenstände sich im Sack befinden. Anschließend schreiben sie ihre Vermutungen auf. Wer die meisten Treffer hat, hat gewonnen.

Muschelsucher

Material: Muscheln, für jede Gruppe eine Murmel

Die Klasse wird in Gruppen zu je sechs bis acht Kindern aufgeteilt. Jede Gruppe legt ihre Muscheln auf den Boden. Ein Kind versteckt die Murmel unter einer Muschel, während die anderen die Augen schließen. Jedes Kind hebt reihum eine Muschel hoch. Wer die Murmel gefunden hat, darf sie in der nächsten Runde verstecken.

Inselhüpfen

Material: Gymnastikreifen (einer weniger als Kinder), Kassettenrekorder mit Kassetten

Auf dem Boden werden viele „Inseln" (Gymnastikreifen) in geringem Abstand verteilt. Es gibt genau eine „Insel" weniger als Mitspieler. Dazwischen ist das „Meer". Wenn die Musik beginnt, hüpfen alle Kinder von Insel zu Insel, ohne ins „Wasser" zu treten oder zu fallen. Plötzlich hört die Musik auf, die Lehrkraft oder ein Kind ruft: „Die Flut kommt!" Daraufhin springen alle Kinder schnell ins Wasser und „schwimmen". Die erneut einsetzende Musik gibt das Kommando: „Alle Kinder wieder auf die Inseln zurück!" Jedes Kind steuert eine beliebige Insel an und besetzt sie. Dadurch bleibt ein Kind übrig, das bei der nächsten Runde wieder mitspielt und bestimmt, wann die Musik stoppt, die „Flut" kommt und wann es wieder auf die Inseln geht.

Spiele für drinnen und draußen

Gewitter

Die Kinder sitzen im Kreis im Klassenzimmer.
Wir spielen mit unseren Körperteilen und Stimmen Gewitter.
Einer erzählt z. B.: Ein Gewitter kommt auf, es fängt an zu regnen (mit den Fingern auf den Boden trippeln, zuerst leicht, dann immer stärker),
es donnert (mit den Füßen auf den Boden stampfen),
Wind kommt auf (durch den Mund blasen),
es blitzt (in die Hände klatschen),
plötzlich scheint die Sonne (alle Kinder stehen auf und heben die Arme kreisförmig über sich).

Die verschwundene Blume

Material: Papier, Malstifte, Scheren, fester Karton

Vorbereitung: Jedes Kind malt eine große Blume auf ein Blatt. Jede Blume soll sich von den anderen unterscheiden (Farbe, Form, Größe). Die Blumen werden ausgeschnitten und auf Karton geklebt.

Alle Kinder sitzen im Kreis; die Blumen liegen in der Mitte. Ein Kind verlässt kurz den Raum (oder geht im Freien weit genug weg). Inzwischen wird eine Blume unbemerkt entfernt, das Kind wird zurückgerufen und soll nun raten, welche Blume fehlt. Dieses Spiel kann auch in Kleingruppen gespielt werden.

Barfuß im Gras

Im Sommer werden die Wiesen gemäht, das riecht sehr gut. Das kurz geschnittene Gras kitzelt unter den nackten Füßen. Je sechs bis acht Kinder fassen sich an den Schultern des Vordermannes und schließen die Augen. Der Erste jeder Schlange darf die Augen offenhalten und führt die anderen über die abgemähte Wiese. Auf ein Signal der Lehrkraft hängt sich der Erste hinten an und der Nächste führt usf.

Ein Rätsel, das dazu passt: Wie heißt getrocknetes Gras (drei Buchstaben)?

Lose aus der Dose

Material: leere Dosen, Zettel, Bleistifte

Vorbereitung: Jedes Kind denkt sich eine Aufgabe aus und schreibt sie auf einen Zettel.

Aufgabenvorschläge: – Suche auf der Wiese den längsten Stock!
 – Finde einen Regenwurm und beobachte ihn!
 – Bringe mir einen glatten Stein!
 – Zähle, wie viele Abfallteile du findest!
 – Zähle die Maulwurfhügel, Vogelnester, …

Jedes Kind zieht ein Los, erfüllt die Aufgabe und zieht ein neues Los.

Schlafende Blumen

Material: Kassettenrekorder mit Musikkassetten

Alle Kinder liegen zusammengekauert im Raum oder im Freien auf dem Boden. Bei Beginn einer leisen, langsamen Musik erzählt die Lehrkraft die Geschichte von den schlafenden Blumen (die von den Kindern gespielt werden). Sie erzählt weiter, wie langsam die Sonne aufgeht und die Blumen erwachen. Sie strecken sich der Sonne entgegen, freuen sich und beginnen zu tanzen. Langsam wird es wieder Abend, die Sonne geht unter, und alle Blumen legen sich auf den Boden zum Schlafen.
Abwandlung: – Die Blumen werden gegossen.
 – Es fängt an zu regnen.
 – Insekten kommen zu Besuch.

Spiele für drinnen und draußen

Swimmy und seine Freunde

Material: ein großes Schwungtuch oder zusammengenähte Bettlaken

Alle Kinder fassen das Schwungtuch.
Ein Kind wird zum „Swimmy" ernannt und schließt die Augen. Einige (eventuell von der Lehrkraft ausgesuchte) Kinder krabbeln von „Swimmy" unbemerkt unter das Tuch. Sie spielen Fische und schwimmen unter dem Tuch. „Swimmy" soll mit geöffneten Augen an den Bewegungen unter dem Tuch erraten, wie viele Fische es sind.

Murmeln – selbst hergestellt

Material:
an der Luft trocknende Modelliermasse, Plakafarben

Anleitung:
– Aus der Modelliermasse zwischen den Handflächen kleine Kugeln rollen.
– Die Kugeln über Nacht trocknen lassen und mit Plakafarben bunt anmalen.

Spielregeln für Murmelspiele

Murmelboccia

In den Boden wird ein Loch gegraben. Vor Beginn des Spiels legt jedes Kind eine Murmel als Einsatz beiseite. Von einer vorher festgelegten Linie versucht einer nach dem anderen, das Loch mit der Murmel zu treffen. Wer es als Erster schafft, darf die von den anderen eingesetzten Murmeln behalten. Gelingt es keinem der Kinder, hat der gewonnen, der der Murmel am nächsten gekommen ist.

Wer schafft Tor 6?

In einen großen Schuhkarton werden 6 verschieden große Tore geschnitten. Von einem vorher festgelegten Punkt zielt einer nach dem andern auf die Tore. Die Punktzahl wird jeweils notiert. Wer am Schluss die meisten Punkte hat, hat gewonnen!

Europa-Quartett

Vorbereitung:
Die Karten sollten auf festes Papier kopiert, mit Folie überzogen und auseinander geschnitten werden. Mit Hilfe der Blanko-Kärtchen können zusätzliche Spielkarten hergestellt werden.

Mitspieler: drei bis vier Kinder

Verlauf:
Die Karten werden gemischt und an die Mitspieler verteilt. Zu Beginn sieht jedes Kind nach, ob schon ein Quartett (vier zusammengehörende Karten) abgelegt werden kann.
Anschließend beginnt das jüngste Kind und fragt den links von ihm sitzenden Nachbarn nach einer ihm fehlenden Quartettkarte. Hat der Gefragte die Karte, muss er sie hergeben. Jetzt darf sich das fragende Kind nach weiteren Karten erkundigen, bis der Nachbar die Frage verneint. Dann ist der Nachbar an der Reihe.
Wer die meisten Quartette ablegen kann, hat gewonnen. Viel Spaß!

England	England	England	England
1. **London** 2. Big Ben/Tower Bridge 3. Fisch und Chips 4. Englisch	1. London 2. **Big Ben/Tower Bridge** 3. Fisch und Chips 4. Englisch	1. London 2. Big Ben/Tower Bridge 3. **Fisch und Chips** 4. Englisch	1. London 2. Big Ben/Tower Bridge 3. Fisch und Chips 4. **Englisch**

Frankreich	Frankreich	Frankreich	Frankreich
1. **Paris** 2. Eiffelturm 3. Wein und Käse 4. Französisch	1. Paris 2. **Eiffelturm** 3. Wein und Käse 4. Französisch	1. Paris 2. Eiffelturm 3. **Wein und Käse** 4. Französisch	1. Paris 2. Eiffelturm 3. Wein und Käse 4. **Französisch**

Italien	Italien	Italien	Italien
1. **Rom** 2. Schiefer Turm v. Pisa 3. Nudeln und Pizza 4. Italienisch	1. Rom 2. **Schiefer Turm v. Pisa** 3. Nudeln und Pizza 4. Italienisch	1. Rom 2. Schiefer Turm v. Pisa 3. **Nudeln und Pizza** 4. Italienisch	1. Rom 2. Schiefer Turm v. Pisa 3. Nudeln und Pizza 4. **Italienisch**

Spanien	Spanien	Spanien	Spanien
1. **Madrid** 2. Escorial 3. Paella 4. Spanisch	1. Madrid 2. **Escorial** 3. Paella 4. Spanisch	1. Madrid 2. Escorial 3. **Paella** 4. Spanisch	1. Madrid 2. Escorial 3. Paella 4. **Spanisch**
Österreich	Österreich	Österreich	Österreich
1. **Wien** 2. Schloss Schönbrunn 3. Mehlspeisen 4. Deutsch	1. Wien 2. **Schloss Schönbrunn** 3. Mehlspeisen 4. Deutsch	1. Wien 2. Schloss Schönbrunn 3. **Mehlspeisen** 4. Deutsch	1. Wien 2. Schloss Schönbrunn 3. Mehlspeisen 4. **Deutsch**
1. 2. 3. 4.	1. 2. 3. 4.	1. 2. 3. 4.	1. 2. 3. 4.
1. 2. 3. 4.	1. 2. 3. 4.	1. 2. 3. 4.	1. 2. 3. 4.

Tipp: Die Blankokarten können auch von den Kindern selbst erarbeitet werden (u. a. die Herkunftsländer von ausländischen Kindern in der Klasse berücksichtigen!).

Mit dem OTUA nach NEILATI

In den Sommerferien fuhren wir mit dem OTUA nach NEILATI. Meine AMO und mein APO fuhren auch mit. Mein RETAV saß am Steuer unseres Wagens. Wir fuhren bis nach NAREM und übernachteten in einem LETOH.
Am nächsten Tag ging die Fahrt weiter, bis wir an die AIRDA kamen. Wir badeten und bauten Burgen im DNAS. Das RESSAW war warm und die ENNOS schien vom blauen Himmel. Am Strand war auch ein DNUH. Er gehörte dem Strandwärter, und ich schloss mit ihm Freundschaft. Oft spielte ich auch mit den anderen NEGNUJ am Strand. Wir heckten manchen lustigen HCIERTS aus und hatten immer unseren Spaß. Vierzehn Tage blieben wir am REEM. Es waren die schönsten NEIREF meines Lebens.

Bruno Horst Bull

© Bruno Horst Bull. Aus: Teddy 9/1980.

Kannst du die Geschichte richtig vorlesen?

Muscheln

Zwei Muscheln lagen am Strande
und redeten hin und her
von dem, was die Muscheln so reden,
von ihrer Heimat, dem Meer,
von ihrer Heimat, dem Meer.

Sie konnten die Fische verstehen,
die Muscheln waren nicht dumm,
sie sprachen mit Seehund und Seestern,
für Menschen blieben sie stumm –
ja, für uns blieben sie stumm.

Sie sprachen von Flut und von Ebbe
und manchem gefährlichen Riff,
sie kannten auch viele Matrosen
und manches gesunkene Schiff –
ja, manches gesunkene Schiff.

Zwei Muscheln lagen am Strande
und redeten hin und her
von dem, was die Muscheln so reden
von ihrer Heimat, dem Meer –
dem großen, salzigen Meer.

Max Barthel

Aus: *Hans-Joachim Gelberg* (Hrsg.): Überall und neben dir. Beltz, Weinheim und Basel 1986.

Wer wird Rätselkönig?

Schreibe in jedes Kästchen einen Buchstaben. Verwende große Druckbuchstaben.

1. Eine herrliche Jahreszeit: Alles ist grün!
2. Sie werden im Juni reif.
3. Wenn es im Klassenzimmer zu heiß ist, bekommen die Kinder…
4. Aus Kaulquappen werden …
5. Er fliegt von Blume zu Blume.
6. Sich im Wasser fortbewegen.
7. Das Schönste am Sommer sind die großen …
8. Das Männchen hat ein schwarzes Gefieder und einen gelben Schnabel.
9. Wiesenblume mit weißen Blütenblättern.
10. Sie bestäubt die Blüten.
11. Man braucht es zum Gießen.
12. Wenn die Sonne herunterbrennt, sucht jeder den …